Memo, el niño que no quería usar gafas

Escrito por Pauline Cartwright

Ilustrado por Mario Capaldi

Dominie Press, Inc.

Director General: Raymond Yuen
Editor Ejecutivo: Carlos A. Byfield
Diseñador: Greg DiGenti
Ilustrador: Mario Capaldi

Derechos de autor del texto © 2003 Pauline Cartwright
Derechos de autor de las ilustraciones © 2003 Dominie Press, Inc.

Derechos reservados. La reproducción o transmisión total o parcial de esta obra, sea por medio electrónico, mecánico, fotocopia, cinta magnetofónica u otro sin el consentimiento expreso de los propietarios del copyright está prohibida al amparo de la legislación de derechos de autor.

Publicado por:

Dominie Press, Inc.
1949 Kellogg Avenue
Carlsbad, California 92008 EE.UU.

www.dominie.com

1-800-232-4570

Cubierta de cartón ISBN 0-7685-2803-8
Impreso en Singapur por PH Productions Pte Ltd
1 2 3 4 5 6 PH 05 04 03

Contenido

Capítulo 1
Necesitas gafas..................................5

Capítulo 2
**¡Les daría un puñetazo
en la nariz!**......................................8

Capítulo 3
En realidad no soy muy valiente........11

Capítulo 4
Me escondería...............................14

Capítulo 5
Les diría groserías..........................17

Capítulo 6
Bastante mejor..............................20

Capítulo 1
Necesitas gafas

La madre de Memo lo llevó al oculista. Lo llevó ahí porque estaba preocupada por su vista. Temía que Memo no veía muy bien las cosas.

—Memo —dijo el oculista—, necesitas gafas. Entonces verás mejor las cosas.

—Eres igual que tu padre —dijo su madre—. Él ha estado usando gafas por muchos años.

Memo no dijo ni una palabra camino a la casa. Se estaba imaginando con gafas. Le hacía sentirse tan mal que sus ojos se llenaron de lágrimas. No podía ver hacía donde iba, y casi se golpea la cabeza contra el poste del alumbrado.

—Ay, Dios —dijo su madre—. Que bueno que fuimos a la consulta con el oculista. Realmente necesitas gafas.

Memo tuvo que esperar una semana para que le llegaran sus nuevas gafas. Estuvo apático en la casa hasta que su madre insistió que saliera a caminar.

Capítulo 2
¡Les daría un puñetazo en la nariz!

Memo se encontró con Julián, el conejo, que corría por un campo sembrado de trigo.

—¡Oye, para! —gritó Memo—. Quiero preguntarte algo.

Julián dejó de correr por el campo, pero no dejó de mover las patas para arriba y para abajo.

—Julián, si tuvieras que usar gafas y todos se burlaran y se rieran de ti, ¿qué harías? —preguntó Memo.

Julián comenzó a saltar, como boxeando con sus patas al aire.

—¡Les regañaría! —dijo Julián—. ¡Eso es lo que haría! ¡Les daría un puñetazo en la nariz!

¡Pom! ¡Bum! ¡Pam! Entonces saldría corriendo rápido, tal como lo voy a hacer ahora.

Y salió disparado a correr por el campo sembrado de trigo.

Esa noche, Memo se puso a saltar por su cuarto, dando golpes con sus puños al aire. Pretendía sentirse feroz, pero sólo pretendía. No quería golpear a sus amigos. Ni siquiera quería golpear a las personas que no le caían bien.

Capítulo 3
En realidad no soy muy valiente

Al día siguiente Memo vio a Tessie, la vaca, soñando en el rincón de un campo.

—Oye —llamó—. Quiero preguntarte algo.

Tessie lo miró cuando se le acercó.

—Tessie, si tuvieras que usar gafas y todos se burlaran y se rieran de ti, ¿qué harías?

—preguntó Memo.

Tessie miró a Memo con sus grandes ojos pardos. Sonrió tiernamente. —Probablemente lloraría —dijo ella—.

Cuando las personas hieren mis sentimientos, lloro.

Memo vio que los ojos de Tessie se llenaban de lágrimas.

—No quiero perturbarte, Tessie —Está bien —dijo Tessie, parpadeando—.

En realidad no soy muy valiente.

Memo sabía que él no era tan valiente como algunos de sus amigos, pero pensaba que él era más valiente que Tessie. —dijo él—. Siento mucho haberte preguntado.

Capítulo 4
Me escondería

Ese día por la tarde, la madre de Memo lo mandó a hacer unas compras a la tienda. En el camino delante de él, vio a Eduardo la oveja.

—¡Espérame! Quiero preguntarte algo —gritó Memo. Corrió para alcanzar a

Eduardo—.

Eduardo, si tuvieras que usar gafas y todos se burlaran y se rieran de ti, ¿qué harías?

Eduardo levantó la cabeza y miró a Memo. Dijo tristemente: —Yo me escondería. Me iría a las colinas donde nadie me podría molestar. Entonces haría lo que yo quisiera.

—Sería muy aburrido no tener con quién hablar —dijo Memo.

Eduardo suspiró levemente. —De todas maneras nunca he creído que la vida fuera muy divertida —dijo él.

Memo decidió que se pondría muy triste si continuaba hablando con Eduardo. Siguió su camino.

Capítulo 5
Les diría groserías

De entre los árboles apareció Marisa, la gata. Memo se detuvo a hablar con ella.
—Si tuvieras que usar gafas y todos se burlaran y se rieran de ti, ¿qué harías?
—le preguntó Memo a Marisa.

Marisa saltó, se le acercó y siseó. —Si

alguien se riera de mí por cualquier razón, yo sería realmente grosera. Sisearía y le escupiría y le diría todo tipo de groserías. Te puedo enseñar muchos nombres groseros. ¿Te gustaría que te los enseñara?

—No gracias —dijo Memo—. Yo no le caería bien a nadie si les llamara nombres groseros. Y tú tampoco les caerías bien a ellos —le dijo a Marisa. —¿Y qué importa si no les caigo bien —siseó Marisa—. A mí no me importa.

—Todos necesitamos amigos —dijo Memo. Dejó a Marisa practicando sola cómo escupir con enojo, y se dirigió a su casa.

Capítulo 6
Bastante mejor

Pocos días después, llegó un paquete por correo.

—¡Mira! —dijo la madre de Memo—. Creo que son tus gafas nuevas.

—No quiero usar gafas —dijo Memo.

—No seas tan terco —dijo su madre—.

Pruébatelas. Ve si ves mejor las cosas.

Memo salió con sus gafas en una mano antes de ponérselas. No quería que nadie lo viera con las gafas puestas, ni siquiera su madre.

Se puso las gafas y se llevó una sorpresa. Las flores se veían más brillantes. Las nubes se veían más esponjosas. Las colinas se veían más verdes y el agua más fresca.

—Ven a enseñárselas a tu papá —dijo su madre.

Memo entró a la casa como Eduardo, la oveja triste, y suspiró.

El papá de Memo dejó de prestar atención a su colección de sellos postales y miró a Memo. —¡Gafas nuevas! —dijo su padre—. Se ven muy bien. Sin duda puedes ver todo mucho mejor ahora.

—Sí —tuvo que afirmar Memo—. Cierto, pero temo que las personas se burlarán de mí, y no sé qué hacer. Papá, ¿qué haces cuando las personas se burlan de tus gafas?

—Nunca he visto a nadie burlándose de mí —dijo su padre—. ¿Has visto a alguien burlándose de mí?

Memo pensó un momento. —No —dijo Memo—. No lo he visto.

—Ahí tienes —dijo su padre, y volvió a prestar atención a sus sellos postales. Memo se quedó mirando por todo el cuarto. Las paredes se veían más brillantes.

Los sellos postales se veían más interesantes.

—Si se burlaran —dijo su padre de repente—, simplemente los ignoraría. Yo estoy feliz que puedo ver mejor con las gafas puestas. Si no pudiera ver mis sellos postales, no podría disfrutarlos tanto.

A Memo le pareció que su padre aparentaba ser más sabio que nunca.

Salió de nuevo y continuó viendo el mundo a través de sus gafas nuevas. Las hojas se veían más verdes. Las rocas se veían más rocosas.

Más tarde, la cena se veía más sabrosa. Sus amigos se veían más amistosos, quizás porque uno de ellos dijo: —¡Tus gafas se ven fantásticas!

Otro dijo: —Me alegro que puedes ver todo mejor ahora.

Nadie se burló. Y Memo ahora sabía que si alguien lo hiciera, en realidad no tendría importancia.